Collection Déli 'Santé

# Recettes végétariennes de saison sans gluten sans caséine

ÉDITIONS
MOSAÏQUE-SANTÉ

1, rue Jean de Brion
77520 Donnemarie-Dontilly

EAN : 9782849391501

Pilar Lopez

# Cuisiner autrement en hiver

ÉDITIONS
MOSAÏQUE-SANTÉ

# Sommaire

# Introduction

Après *Cuisinier autrement en automne*, voici de nouvelles délicieuses recettes, à réaliser cette fois au plus frais de l'année, en hiver.

Comme dans son premier livre, Pilar a choisi pour cet ouvrage des aliments de saison, ceux que l'on peut trouver gorgés de saveur et de bons nutriments sur les étals des maraîchers. Et, bien entendu, il s'agit de les choisir les plus « sains » possibles, exempts de produits phytosanitaires. Comment ? En veillant à ce qu'ils soient issus de l'agriculture biologique ou bien cultivés sans engrais ni herbicides de synthèse (dans votre jardin ou celui de votre voisin…).

Bien sûr, certains rétorqueront que manger bio coûte cher… Mais, si on a un maraîcher bio près de chez soi et qu'on lui achète directement sa production, on peut trouver des produits de saison à des prix accessibles. Par ailleurs, se passer de viande et de poisson permet de faire quelques économies pour s'offrir de bonnes céréales complètes ou de délicieuses légumineuses… issues de l'agriculture biologique.

Dans cette collection, Pilar propose les recettes de cuisine qu'elle aime et que chacun, sans être pour autant un cordon bleu réputé, pourra réaliser avec succès. Vous verrez, vous allez non seulement épater votre famille ou vos invités qui vont se régaler, mais vous aurez aussi le plaisir de cuisiner avec un maximum de respect pour l'environnement et la santé de vos convives. Ces recettes sont, en effet, adaptées à la saison, mais aussi végétariennes ! Et qui peut le plus, peut le moins : ne contenant ni gluten ni produits laitiers, elles conviennent aux intolérants et sont bénéfiques aux autres.

Plus un instant à perdre, à vos cuillères, à vos casseroles, la cuisine de Pilar saura vous réchauffer le cœur et le corps !

Sophie Lacoste

# Placard de base pour une cuisine saine

## 1 - Par quoi remplacer les produits laitiers

Remplacer le lait animal par un jus végétal est un jeu d'enfant. Il suffit d'apprivoiser les saveurs et les textures.

Le jus végétal qui, à mon goût, se rapproche le plus du lait animal, est le jus de millet. Mais vous trouverez dans les magasins spécialisés le jus de soja, de riz, d'amande, de noisette, de quinoa, de chanvre, de coco... Vous pourrez les cuisiner tant dans des plats salés que sucrés. Attention au petit goût sucré du jus de riz.

En ce qui concerne le beurre, vous trouverez dans les purées d'oléagineux, de bonnes alternatives. Bien sûr, vous n'aurez pas la saveur grasse du lait, mais elles vous permettront de cuisiner de bons petits plats. Purée de cacahuète, d'amande, de noisette, de cajou, de graines de courge... autant d'oléagineux qui vous permettront de remplacer cette matière grasse. À vous de choisir les parfums et les goûts. Vous pourrez réaliser des mayonnaises, des gâteaux, des crèmes...

Quant à remplacer la crème fraîche, les briques de crème de soja, de riz, de coco, d'amande vous permettront de varier les goûts et les saveurs en fonction du plat que vous souhaiterez cuisiner. Au rayon frais des magasins spécialisés, vous trouverez une crème de soja lactofermenté dont la consistance est tout à fait semblable à celle de la crème fraîche animale.

## 2 - Comment remplacer le gluten

Le gluten se glisse partout. Il faut prendre soin de lire les étiquettes, vous serez surpris d'en trouver là où vous ne l'auriez pas imaginé...

Rappelons les céréales contenant du gluten : blé, avoine, seigle, épeautre, petit épeautre, orge, kamut.

En ce qui concerne les pâtes, il en existe de très bonnes à base de farine de riz, de sarrasin, de lentilles roses et vertes, de pois chiches. Je vous conseille d'éviter les pâtes qui contiennent du maïs, il est souvent transgénique.

Lorsque l'on décide de manger sans gluten, les débuts semblent difficiles car on ne sait pas se priver de pain et de pâtisseries.

Pour remplacer le pain, des tartines craquantes à base de farine de quinoa, sarrasin ou châtaigne peuvent vous être utiles. Vous pourrez également trouver des pains tranchés sous vide. Ou tout simplement le fabriquer vous-même (voir page 15). Les farines sans gluten sont difficilement panifiables (le gluten permet de lier la pâte), vous pourrez compenser ce manque de liant en rajoutant de la gomme de guar ou de xanthane.

Les farines sans gluten ne manquent pas !

Riz, sarrasin (ou blé noir), pois chiches, soja, châtaigne, quinoa, lupin, millet, chanvre, coco, souchet, lentilles, manioc...

Chacune de ces farines pourra vous aider à réaliser des biscuits, pâtisseries, pains. Certaines farines sans gluten sont très gourmandes en eau et vous pourrez vous aider en rajoutant de la fécule de pomme de terre, de l'arrow root, de la poudre d'amande ou de noisette qui vous permettront de donner plus de texture à vos réalisations.

Testez les flocons de céréales sans gluten et de légumineuses pour réaliser des préparations rapides, le temps de réhydratation des flocons étant plus court que celui de la cuisson.

### 3 - Manger moins carné

Réduire les produits carnés est devenu une priorité pour bon nombre d'entre nous. Les protéines végétales sont de très bonne qualité et ont pour avantage de ne pas encombrer notre corps de « mauvais gras ».

Les oléagineux (amandes, pistaches, noix, noisettes, noix de cajou, de macadamia, du Brésil) sont très riches en protéines végétales, en minéraux et oligo-éléments. Les faire tremper avant ingestion permet de libérer leur potentiel nutritif et enzymatique.

Ne faites pas l'impasse sur les légumineuses (lentilles, pois chiches, haricots..), les champignons, l'avocat, le quinoa, les céréales sans gluten (millet, sarrasin, riz demi-complet...) qui remplacent avantageusement la viande au niveau de la satiété.

Le tempeh permet également de réaliser des plats goûteux en sauce.

### 4 - Les substituts au sucre

Le fléau du sucre raffiné dans notre mode de vie actuel n'est plus à démontrer. Les sucres naturels sont pourtant à notre portée. Les fruits secs (figues, dattes, raisins secs...) permettent de sucrer naturellement les desserts ou pâtisseries. Sucre de fleur de coco, sirop d'agave... sont bien moins nocifs pour notre santé.

### 5 - Les petits plus

Que devrait aussi contenir votre placard ?

Des épices pour relever les plats et apporter de nombreuses vertus à votre alimentation (muscade, cardamome, curcuma, coriandre, clou de girofle, raifort...) et du sel marin.

Des huiles végétales de qualité apportant un équilibre en oméga 3/6/9 (noix, sésame, colza, coco, olive, avocat, chanvre...) à conserver à l'abri de la lumière.

Du vinaigre de cidre non pasteurisé.

Du tamari qui est une sauce à base de soja lactofermenté pour parfumer et saler vos plats. Ne pas confondre avec le shoyu qui contient du blé !

## Et dans votre réfrigérateur

Des légumes de saison, des yaourts à base de jus de riz, chanvre ou soja, des herbes fraîches (coriandre, persil, basilic, sauge...), des compotes faites à la maison ou sans sucre ajouté, de la moutarde.

En tant qu'alternative au fromage, vous pourrez trouver au rayon frais des magasins bio, des crèmes d'amande ou de soja aux 3 baies, à l'ail des ours, ciboulette, basilic, noix, ail et fines herbes qui vous rappelleront un certain fromage à pâte molle bien connu.

Le tofu lactofermenté au tamari est une bonne alternative à la féta.

# Les algues, un jardin aux parfums iodés

## Ces légumes que nous offre la mer

Les algues sont les végétaux les plus anciens de notre planète et de nombreuses espèces sont comestibles pour l'être humain et les animaux.

Dans la composition de l'eau de mer, tous les éléments nécessaires à la vie sont présents. Les algues absorbent et concentrent ces nutriments, et certaines d'entre elles contiennent autant de protéines que le fromage, et deux fois plus que les œufs.

Elles sont aussi très riches en calcium assimilable par notre organisme, en minéraux, mais aussi en vitamines A, B, C et PP, notamment la vitamine B12 qui manque tant aux personnes ne consommant pas de produits animaux.

Alors en consommer une petite quantité au quotidien, c'est s'assurer d'assimiler des éléments vitaux pour notre santé. En cas d'hyperthyroïdie et de traitement anticoagulant, consommez-les avec parcimonie, mais une petite quantité journalière est suffisante pour pallier certaines carences.

### Les algues dans la cuisine

Elles sont bien souvent absentes de nos habitudes alimentaires, alors qu'elles permettent de mitonner une cuisine étonnante, curieuse et savoureuse, remplie d'agréables surprises.

Les algues diffusent des parfums iodés donnant un petit air marin à vos repas, tout en apportant des nutriments nécessaires à notre santé.

Il existe deux sortes de conditionnements d'algues pour la cuisine.

**Réhydratées**, vous pourrez les accommoder en sauce avec des pâtes, des pommes de terre, des céréales, des légumineuses, des farces ou en confectionnant un délicieux tartare...

**Sèches**, elles vous permettront de saupoudrer vos salades, soupes, purées de légumes, papillotes de légumes... Je vous conseille de les griller quelques instants à sec dans une poêle pour sublimer leur parfum.

### Où les trouver

Dans les magasins asiatiques ou les magasins de produits naturels. Vérifiez toutefois leur provenance, l'algue a tendance à absorber les métaux lourds.

## Composition des "algues du pêcheur"

Chaque algue ayant ses différentes propriétés, il s'agit ici d'en mélanger 3 sortes afin de bénéficier de leurs nombreux bienfaits. Les mélanges de paillettes d'algues sont généralement composés de laitue de mer, de nori et de dulse.

**La laitue de mer :** cette algue de couleur verte, se trouve généralement dans l'océan Atlantique. Sa saveur corsée rappelle un peu le goût de l'oseille. Elle est source de vitamines A, B12 et C. Elle contient de nombreux minéraux et sa teneur en magnésium et calcium est intéressante. 5 g de laitue de mer suffisent à couvrir nos besoins journaliers en magnésium.

**Le nori :** également appelée laitue pourpre, cette algue de couleur rouge foncé est riche en protéines et contient de nombreuses vitamines : A, B1, B2, B6 et B12, du fer et du zinc. Sa forte teneur en acides gras oméga 3 et 6 est très appréciable. C'est l'algue que l'on utilise généralement pour fabriquer les makis et les sushis. Sa saveur oscille entre le thé fumé et les champignons séchés.

**La dulse :** faite de fines lames rouges ou brunâtres, la saveur de cette algue est douce et iodée. Un petit goût de noisette la caractérise. Riche en protéines et minéraux tels que calcium, fer, magnésium, phosphore, iode (100 % de l'apport quotidien recommandé), elle est également source de vitamines A, B6, B12, C et E.

# L'équilibre de l'assiette végétarienne

Afin de ne pas être carencé lorsqu'on mange végétarien, sans gluten et sans produits laitiers, une assiette végétarienne équilibrée doit contenir :

- une bonne part de crudités accompagnées d'huiles végétales de qualité équilibrées en oméga 3/6/9 (exemple : colza, olive, sésame)
- 2/3 de céréales sans gluten (riz, sarrasin, millet, quinoa, pâtes sans gluten...)
- 1/3 de légumineuses
- une bonne part de légumes vapeur ou wok.

# Les végétaux de l'hiver

## Les légumes de l'hiver

- Ail
- Betterave
- Blettes
- Brocolis
- Cardons
- Carottes
- Céleri-rave
- Champignons de Paris
- Chicorée
- Chou blanc
- Chou chinois
- Chou de Bruxelles
- Chou frisé
- Chou kale
- Chou pommé
- Chou romanesco
- Chou rouge
- Chou-fleur
- Christophine, chayotte ou chouchou
- Citrouille
- Courge butternut
- Courge spaghetti
- Crosne
- Échalote
- Endive
- Épinard
- Fenouil
- Laitue
- Mâche
- Navet boule d'or
- Navet violet
- Oignon
- Oseille
- Panais
- Patate douce (blanche, rose ou violette)
- Persil tubéreux
- Poireaux
- Pomme de terre
- Potimarron
- Rutabaga
- Salsifis
- Scorsonère
- Topinambour

## Les fruits de l'hiver

- Ananas
- Avocat
- Banane
- Citron
- Clémentine
- Coing
- Grenade
- Kaki
- Kiwi
- Mandarine
- Orange
- Physalis
- Poire
- Pomelo ou pamplemousse
- Pomme

# Les ustensiles utiles

- Blender
- Mixeur plongeant
- Mini hachoir
- 2 à 3 poêles de différentes dimensions
- Casseroles de différentes dimensions
- Couvercles adaptés aux poêles et casseroles
- Cocotte en verre, en terre ou en inox à fond épais
- Wok
- Crêpière
- Plats allant au four de différentes tailles
- Cuit-vapeur
- Moules à cake, à manqué amovible, à tarte amovible et différents petits moules à gâteaux.
- Tapis de cuisson antiadhésif
- Couteaux de différentes grandeurs dont 1 couteau santoku (couteau japonais polyvalent)
- Presse-ail
- Économe
- Des cuillères en bois
- 2 planches à découper
- Paire de ciseaux
- Râpe en inox
- Fouet
- Spatule
- Spatule souple « maryse »
- Tamis ou passoire
- Verre doseur
- Balance de cuisine
- Presse-agrumes
- Entonnoir
- Du papier cuisson

**Optionnel**

- Robot pétrin culinaire
- Cuiseur à riz
- Mandoline
- Rouleau à pâtisserie
- Pinceau de cuisine
- Des emporte-pièces carrés et ronds
- Minuteur

Que ferions-nous dans notre pays sans notre fameux fromage traditionnel tartiné sur du pain ? Et comment devons-nous faire lorsque nous sommes intolérants aux produits laitiers et au gluten ?

# Recettes de base sans gluten et sans produits laitiers

Je vous invite à découvrir une recette de pain sans gluten et une recette de substitut au fromage, du « fromage végétal ». En gardant la base, vous pouvez l'agrémenter, selon vos envies, de noix, échalote, basilic... Et pour les fêtes un « foie gras » pas gras ! Un simili « foie gras » végétal...

# Petits pains vapeur sans gluten

**Temps de préparation :** 5 mn

**Temps de cuisson :** 18 mn

## Pour 6 petits pains

- 150 g de farine de riz complet
- 50 g de farine de châtaigne
- 50 g de farine de soja toastée ou de sarrasin
- 1 sachet de levure de boulanger sèche sans gluten
- 1 c. à c. rase de sel rose de l'Himalaya
- 1 c. à c. rase de gomme de guar (ou à défaut, de la gomme de xanthane ou gomme de caroube)
- 1 c. à c. rase de sucre de canne
- 1 œuf
- 250 ml d'eau de source
- 50 g d'arrow root
- 2 c. à s. de graines de tournesol
- Un peu d'huile d'olive pour les moules

- À l'aide d'un fouet, mélanger la levure et le sucre avec l'eau et faire chauffer à feu très doux juste quelques instants pour que le mélange atteigne environ 37°. Il faut que, lorsque l'on touche avec le doigt, on sente que l'eau est tiède. Mélanger intimement toutes les farines, l'arrow root, le sel et la gomme de guar dans un saladier.
- Creuser un puits et y casser l'œuf. Mélanger à l'aide d'une maryse, puis ajouter le mélange eau-levure-sucre petit à petit tout en continuant à mélanger, de façon à obtenir une pâte un peu collante. Ajouter les graines de tournesol et mélanger en soulevant la pâte pour bien intégrer les graines. Mettre en route le cuit-vapeur.
- Huiler 6 ramequins et y répartir la pâte. Couvrir les ramequins avec du film alimentaire et mettre les petits pains à cuire à la vapeur pendant 18 mn. Dès la sortie du cuit-vapeur, ôter le film plastique et démouler les petits pains sur une grille. Laisser refroidir.
- Ces petits pains sont meilleurs le lendemain et se conservent une semaine.

## Suggestion

*Pour varier les saveurs et pour donner un petit goût iodé à vos petits pains, vous pouvez remplacer les graines de tournesol par des algues du pêcheur.*

# Simili fromage

Temps de préparation : 10 mn

Trempage : 1 ou 2 nuits

## Pour un petit pot

- 4 c. à s. de graines de tournesol
- 1 gros dé de gingembre
- 1 petite gousse d'ail
- 1 petit oignon rouge
- 1 c. à c. rase de sel rose de l'Himalaya
- 1 c. à s. d'huile de noix (ou d'huile d'olive fruitée)
- 1 c. à s. de vinaigre de cidre non pasteurisé
- 1 gros champignon de Paris
- 1 bloc de 100 g de tofu lactofermenté au tamari

- La veille ou l'avant-veille, faire tremper 1 ou 2 nuits les graines de tournesol dans de l'eau de source (2 nuits c'est mieux, mais dans ce cas, veiller à les rincer 2 fois par jour).
- Émincer l'oignon très finement. Peler l'ail et le gingembre. Découper ce dernier en lamelles.
- Déposer l'oignon dans le bol d'un mixeur et, à l'aide d'un presse-ail, presser le gingembre et l'ail par-dessus. Découper des cubes grossiers de tofu. Hacher sommairement le champignon.
- Déposer le tout dans le bol du mixeur. Ajouter l'huile et le vinaigre, puis le sel. Finir par les graines de tournesol égouttées. Mixer finement et mettre dans un petit pot.
- Le simili fromage est prêt.
- Il se conserve une semaine au réfrigérateur.

## Suggestion

*Vous pouvez le consommer avec des pâtes ou tout simplement le tartiner sur du pain ou des « tartines croquantes » sans gluten. En entrée, vous pourrez fourrer des feuilles d'endives ou réaliser des rouleaux de feuilles de salade. Il peut également être la base d'une mayonnaise ou d'une sauce pour les salades.*

# Comme un "foie gras" mais végétal

Temps de préparation : 10 mn

Temps de cuisson : 20 mn

## Pour 4 petites terrines

- 200 g de tofu tendre
- 1 échalote
- 1 c. à s. de margarine à l'huile d'olive
- 1/2 litre de vin liquoreux (Jurançon doux, Monbazillac...)
- 1 sachet de 2 g d'agar agar
- 1 c. à c. bombée de miso de riz
- 2 c. à s. de levure de bière sans gluten
- 1/2 c. à c. de curcuma en poudre
- Sel, poivre
- La pointe d'un couteau de piment d'Espelette (facultatif)

- Faire fondre à feu doux l'échalote détaillée très finement dans la margarine jusqu'à ce que l'échalote devienne translucide. Il faut vraiment qu'elle soit très fondante.
- Dans un bol, dissoudre l'agar agar et le curcuma avec un peu de vin.
- Faire chauffer le reste du vin dans une casserole, quand il commence à bouillir, ajouter le contenu du bol et porter le tout à ébullition. Fouetter ce mélange sans interruption pendant environ deux minutes. Saler, poivrer, ajouter le piment d'Espelette, le miso de riz et la levure de bière.
- Couper le tofu en cubes, le déposer dans un blender, ajouter le contenu de la casserole et mixer longuement.
- Verser dans des cocottes et mettre au frais toute la nuit.
- Se conserve une semaine au réfrigérateur.

### Suggestion

*Se mange sur des tartines de pain sans gluten pour les intolérants et les végétariens l'apprécient aussi sur des toast grillés.*

# Les petits déjeuners de l'hiver

# Smoothies réveil matin

Temps de préparation : 5 mn

## Smoothies avocat pruneaux

### Pour 2 ou 3 smoothies

- 1 verre de lait de châtaigne
- 6 pruneaux dénoyautés
- 1 avocat coupé en cubes

- Mettre tous les ingrédients dans le blender et mixer jusqu'à obtenir une consistance de crème.
- À déguster le plus tôt possible pour éviter l'oxydation.

## Smoothies mangue pommes citron pruneaux

### Pour 2 ou 3 smoothies

- 2 pommes bio non épluchées (ôter le centre) coupées en cubes
- 1/2 mangue coupée en cubes
- Le jus d'un citron bio
- 5 pruneaux dénoyautés

- Mettre tous les ingrédients dans le blender et mixer jusqu'à obtenir une consistance de crème.
- À déguster le plus tôt possible pour éviter l'oxydation.

## Smoothies ananas banane pruneaux

### Pour 2 ou 3 smoothies

- 5 pruneaux dénoyautés
- 150 g d'ananas frais ou en boîte coupé en cubes
- 1 banane

- Mettre tous les ingrédients dans le blender et mixer jusqu'à obtenir une consistance de crème.
- À déguster le plus tôt possible pour éviter l'oxydation.

# Pâte à tartiner choco-noisette

**Temps de préparation : 5 mn**

## Ingrédients

- 100 g de chocolat noir sans gluten à 70 %
- 4 c. à s. de lait de riz
- 4 c. à s. de purée de noisette
- 2 c. à s. de sirop d'agave
- 1/2 brique de crème végétale de soja ou mieux de riz

- Faire fondre le chocolat avec le lait de riz au bain-marie.
- Ajouter le sirop d'agave et bien mélanger, puis incorporer la purée de noisette et mélanger intimement.
- Finir en versant la crème végétale de soja ou de riz.
- Placer dans un pot de confiture bien rincé et mettre au frigo pendant minimum 2 heures.
- Se conserve au frais pendant une semaine.

## Suggestion

*Remplacez la purée de noisette par de la purée de noix de cajou, votre pâte à tartiner sera tout aussi gourmande. Vous pouvez également faire griller à sec quelques noisettes, les hacher grossièrement et les ajouter à la pâte à tartiner.*

# Financiers à la noisette

Temps de préparation : 5 mn

Temps de cuisson : 12 mn

## Pour une dizaine de financiers

- 60 g de poudre de noisette
- 20 g d'arrow root
- 3 blancs d'œufs
- 60 g d'huile de coco (désodorisée ou pas)
- 40 g de sucre de coco

- Préchauffer le four à 180°.
- Faire fondre l'huile de coco au bain-marie.
- Dans un saladier, battre les blancs d'œufs et le sucre jusqu'à obtenir un mélange mousseux.
- Verser l'arrow root par-dessus, mélanger de nouveau jusqu'à obtenir une pâte lisse.
- Incorporer l'huile de coco fondue puis ajouter la poudre de noisette et le mélange œufs-sucre.
- Mélanger intimement.
- Verser cette pâte dans de petits moules à financiers et laisser cuire pendant 12 mn.
- Laisser refroidir avant de démouler.

# Mini Pancakes express à la banane

Temps de préparation : 2 mn

Temps de cuisson : 10 mn

## Pour 4 personnes

- 4 bananes
- 3 œufs
- 1 c. à s. de fécule de pomme de terre
- 1 c. à s. de vanille liquide ou sucre vanillé
- Quelques pincées de cannelle (facultatif)
- Huile d'olive

- Éplucher les bananes et les couper en tronçons. Les verser dans un blender, ajouter les œufs, la fécule de pomme de terre et la vanille et mixer quelques secondes.
- Faire chauffer une poêle à crêpes huilée, puis baisser le feu au minimum.
- Verser 3 ou 4 petits tas de pâte et laisser cuire à très petit feu jusqu'à la formation de petites bulles, puis retourner à l'aide d'une spatule et laisser cuire l'autre face jusqu'à disparition des petites bulles.

## Suggestion

*Parsemez de cannelle si vous le souhaitez avant de déguster.*

# Muffins pommes-poires

Temps de préparation : 15 mn

Temps de cuisson : 35 mn

- Préchauffer le four à 180°.
- Éplucher les pommes et les poires et les détailler en petits cubes. Les saupoudrer de cannelle, mélanger intimement et les réserver.
- Dans un saladier, casser les œufs, ajouter la pincée de sel, verser le lait et battre le tout jusqu'à obtenir un mélange mousseux.
- Verser l'huile et le bicarbonate de soude, battre de nouveau, puis ajouter le sucre et fouetter le tout. Incorporer la farine petit à petit jusqu'à obtenir un mélange bien homogène.
- Incorporer les cubes de poires et de pommes et mélanger.
- Verser la pâte dans des moules à muffins.
- Enfourner pour 35 mn, toujours à 180°. Vérifier la cuisson à l'aide de la pointe d'un couteau.

## Pour 10 muffins

- 2 pommes
- 2 poires
- 250 g de farine de riz
- 1 pincée de sel
- 3 œufs
- 80 g de sucre de coco
- 4 c. à s. d'huile d'olive
- 1 c. à c. rase de bicarbonate de soude
- 125 ml de lait de riz
- 1 c. à c. de cannelle en poudre (facultatif)

# Les entrées de l'hiver

# Petit plateau apéro pour les fêtes

Temps de préparation : 15 mn

## Préparation des légumes à tremper

**Pour une dizaine de convives**

- 3 carottes
- 1 mangue un peu verte, pas trop mûre
- 1 grosse endive
- 1 chou-fleur

*Tout autre légume de saison peut être choisi. Un chou-rave, par exemple, peut remplacer ou accompagner le chou-fleur.*

- Découper les carottes et le chou-fleur en bouquets, et les présenter dans des petits verres ou contenants, effeuiller l'endive et émincer la mangue en fines tranches. Ces petites présentations végétales pourront ainsi être trempées dans les tartinades.

## Tartinade exotique

- 1 avocat
- Le jus d'1 citron
- 1 c. à s. d'huile de sésame (si possible grillé)
- 1 petite gousse d'ail
- 1 petit piment rouge (optionnel)
- 1 c. à c. de poudre de sambhar (ou autre épice de votre choix)

- Mettre tous les ingrédients dans le bol d'un mixeur. Mixer et rectifier l'assaisonnement (sel, poivre).

## Tartinade saveur Terre Mer

- 50 g de tartare d'algues
- 1 dizaine de noix

Mélanger le tartare d'algues avec les noix préalablement hachées assez finement à l'aide d'un bon couteau.

## Tartinade rouge

- 1/2 boîte de poivrons cuits
- Un peu de jus de la boîte
- 8 châtaignes cuites sous vide
- 1 c. à s. de purée d'amande
- 1 c. à s. de tamari

Mettre tous les ingrédients dans le bol d'un mixeur et mixer. Ajouter du jus du poivron pour obtenir la consistance souhaitée.

## Tartinade du soleil

- 1 petite betterave cuite
- 100 g de tofu
- 7 olives noires dénoyautées
- 2 c. à s. d'huile d'olive
- 1 c. à s. de tamari
- Un peu de sel aux herbes

- Mettre tous les ingrédients dans le bol d'un mixeur. Mixer et rectifier l'assaisonnement en ajoutant du sel aux herbes si besoin.

## Recette du tartare d'algues

- 50 g d'algues du pêcheur
- 1/2 gousse d'ail
- 3 c. à s. d'huile d'olive
- 1 c. à s. d'huile de colza ou de noix
- 1 bouquet de persil
- 1 c. à s. de tamari
- 2 cornichons
- 1 c. à s. de câpres
- 1/2 échalote
- 2 c. à s. de jus de citron
- 1 peu de poivre

- Réhydrater les algues dans un grand bol rempli d'eau pendant 2 heures. Les égoutter et bien les presser pour évacuer toute l'eau.
- Mettre tous les ingrédients dans le bol du mixeur et mixer finement.
- Rectifier l'assaisonnement et conserver au frais.

# Velouté cru carotte gingembre

**Temps de préparation :** 10 mn

**Temps de cuisson :** 3 mn

## Pour 4 personnes

- 3 belles carottes bio
- 1 avocat
- 1 dé de gingembre
- 1 c. à s. de tamari
- 4 tasses de lait d'amande
- 1 filet d'huile de chanvre (facultatif)
- Sel
- Quelques graines de tournesol

- Faire chauffer le lait d'amande. Couper le feu avant l'ébullition.
- Brosser les carottes et les détailler en rondelles.
- Peler le gingembre.
- Couper l'avocat en 2, ôter le noyau et mettre la chair dans le blender.
- Ajouter les carottes, le gingembre et le filet d'huile de chanvre par-dessus.
- Verser le lait d'amande, le tamari et un peu de sel.
- Mixer le tout jusqu'à obtenir un velouté lisse.
- Partager le velouté dans 4 bols ou assiettes à soupe.
- Parsemer avec quelques graines de tournesol.
- Servir immédiatement.

# Clafoutis de légumes, blettes et patates douces

Temps de préparation : 10 mn

Temps de cuisson : 45 mn

- Peler les patates douces et les détailler en petits cubes. Les miennes sont violettes, mais vous pouvez trouver des patates douces blanches ou orange.
- Ôter la partie verte des blettes, la détailler en lamelles. Découper la partie blanche des blettes en petits tronçons égaux.
- Détailler l'oignon en tranches fines.
- Peler l'ail.
- Dans un wok, faire chauffer l'huile, ajouter les cubes de patates douces, l'oignon, la noix de muscade et l'ail écrasé.
- Faire revenir pendant 5 mn, puis ajouter le blanc des blettes et faire cuire encore 5 mn. Saler, poivrer.
- Dans un saladier, battre les œufs, ajouter l'arrow root, mélanger intimement puis verser le lait de riz et le tamari. Si besoin, pour éviter les grumeaux, se servir d'un mixeur plongeant.
- Déposer les légumes dans un moule en silicone, puis verser la préparation par-dessus. Répartir le vert des blettes dans le moule.
- Enfourner pour 45 mn.
- Peut se manger tiède ou froid avec une salade ou du riz nature arrosé d'un filet d'huile de sésame grillé.

## Pour 4 personnes

- 2 patates douces (environ 300 g)
- 4 feuilles de blettes
- 1 oignon rouge
- 3 gousses d'ail
- 1 c. à c. rase de poudre de noix de muscade
- 4 c. à s. d'huile d'olive
- 3 œufs
- 50 ml de lait de riz
- 50 g d'arrow root
- 1 c. à s. de tamari
- Sel, poivre

# Salade grenadine

**Temps de préparation : 10 mn**

- Laver soigneusement la mâche.
- Prélever les graines de grenade*.
- Préparer une vinaigrette en mélangeant l'huile, le sel, le poivre et le vinaigre de cidre.
- Répartir la mâche dans 4 assiettes, ajouter les germes de soja et les graines de grenade.
- Verser un filet de vinaigrette sur chaque assiette.
- Et voilà une salade toute simple, rapide, et pleine de vertus revitalisantes.

## Pour 4 personnes

- 100 g de mâche
- 50 g de germes de soja bio
- 1 grenade
- 4 c. à s. d'huile de colza
- 2 c. à s. de vinaigre de cidre non pasteurisé
- Sel, poivre

## Comment ouvrir une grenade et en prélever les graines

*Poser la grenade sur une planche à découper et, à l'aide d'un couteau, découper la couronne en haut du fruit. L'intérieur du fruit est séparé en plusieurs sections par des parois blanches. Introduire la pointe du couteau dans chaque début de paroi et couper en suivant ces parois intérieures. Chaque quartier se détachera et le fruit pourra être ouvert en forme d'étoile. Oter les peaux blanches et il vous sera possible ainsi de prélever les graines de la grenade.*

# Salade entre terre et mer

**Temps de préparation :** 15 mn

**Temps de réhydratation :** 1 h

- Verser les algues dans un bol et les réhydrater pendant une heure.
- Faire cuire les fèves à la vapeur pendant 1/4 d'heure. Leur ôter la peau épaisse. Réserver.
- Éplucher la betterave et la râper. Réserver.
- Verser les algues dans une passoire et les égoutter. Appuyer fortement pour bien en extraire toute l'eau.
- Dans le bol d'un blender, déposer le persil grossièrement haché, les algues, le tamari, les huiles, la gousse d'ail et l'échalote coupées grossièrement, le tahin et le jus de citron.
- Mixer. Le mélange doit rester grossier pour qu'on puisse bien sentir tous les parfums. Rectifier l'assaisonnement selon le goût de chacun.
- Pour le service, déposer les betteraves râpées, ajouter un filet d'huile d'olive et de tamari par-dessus.
- Puis répartir sur chaque assiette le contenu du blender.
- Pour une jolie présentation, parsemer d'un légume coloré qui fera ressortir votre assiette (par exemple de fèves, comme sur la photo).

## Pour 3 personnes

- 50 g d'algues du pêcheur
- 1 petite gousse d'ail
- 1 échalote
- 1 grosse c. à c. de tahin
- 1 c. à s. d'huile de sésame grillé
- 2 c. à s. d'huile d'olive
- Le jus d'1/2 citron
- 1 c. à s. de tamari
- 1 grosse betterave crue
- 1 bouquet de persil frais, déshydraté ou surgelé
- 100 g de fèves écossées (facultatif)

## Suggestion

*Si vous n'avez pas d'huile de sésame grillé, vous pourrez la remplacer par une autre huile gourmande, ou tout simplement par une cuillerée à soupe d'huile d'olive supplémentaire.*

# Salade pleine forme

**Temps de préparation : 10 mn**

## Pour 2 personnes

- 1 avocat
- 1 petit chou chinois
- 1 pamplemousse
- 3 c. à s. de légumes lacto-fermentés
- 2 c. à s. de tartare d'algues*
- Quelques graines de tournesol
- 3 c. à s. d'huile de noix ou de colza
- 2 c. à s. de vinaigre de cidre non pasteurisé

*voir recette page 37

- Éplucher le pamplemousse à vif et prélever les suprêmes. Récupérer le jus et le réserver dans un bol.
- Rincer le chou chinois et le couper en lanières.
- Couper l'avocat en 4, ôter la peau et le détailler en petites tranches égales.
- Dans un saladier, réunir les suprêmes de pamplemousse, les lanières de chou chinois, l'avocat et les légumes lacto-fermentés. Mélanger intimement pour bien les répartir.
- Dans le bol réservé, déposer le tartare d'algues, l'huile et mélanger bien le tout avec le jus de pamplemousse. Ajouter le vinaigre de cidre. Verser dans le saladier et remuer de nouveau.
- Parsemer de graines de tournesol qui seront plus gourmandes et croustillantes si elles sont grillées à sec quelques secondes dans une poêle.

## Suggestion

*N'hésitez pas à ajouter à vos préparations des légumes lacto-fermentés ! Ils améliorent la digestion, réduisent l'acidité gastrique, favorisent l'absorption des vitamines et minéraux et rééquilibrent la flore intestinale.*

# Salade d'endives sucrée-salée

Temps de préparation : 10 mn

## Pour 2 personnes

- 1 belle pomme
- 2 grosses endives ou 3 moyennes
- 2 avocats
- Le jus d'1 citron
- 2 c. à s. d'huile de colza ou de cameline
- 1 trait de vinaigre balsamique de pommes
- Sel aux herbes
- 1 pincée de poudre de clou de girofle

- Rincer les endives rapidement sous l'eau et les découper en lamelles dans un saladier.
- Peler les avocats et les détailler en cubes au-dessus des endives.
- Peler la pomme. La couper en 4 quartiers et les détailler en lamelles assez fines.
- Verser le jus de citron par-dessus afin d'éviter l'oxydation.
- Assaisonner selon votre goût avec l'huile, le vinaigre et le sel.
- Finir par saupoudrer avec la poudre de clou de girofle.
- Mélanger et servir immédiatement.

### Suggestion

*Servir avec une tartine de tartare d'algues sur du pain grillé sans gluten. Les pommes peuvent être remplacées par des poires ou des mangues peu mûres.*

# Velouté de butternut aux épices

Temps de préparation : 10 mn

Temps de cuisson : 15 mn

- Enlever la peau de la courge butternut, la couper en 2 et la détailler en tronçons de même grosseur.
- Éplucher l'ail et le découper en rondelles.
- Éplucher la pomme de terre et la détailler en petits dés.
- Peler le gingembre et le couper en très fines tranches.
- Éplucher l'oignon et le détailler en lamelles.
- Déposer le tout dans un faitout, couvrir d'eau juste au-dessus des légumes et faire cuire à petit feu jusqu'à ce qu'ils soient fondants.
- Mixer le tout jusqu'à obtenir un mélange onctueux.
- Ajouter la crème de coco et la pincée de cannelle.
- Mélanger et servir chaud. Parsemer de graines de courge.

## Pour 4 personnes

- 1 courge butternut (environ 900 g)
- 1 oignon rouge
- 1 pomme de terre
- 2 gousses d'ail
- 1 dé de gingembre frais (ou 1 c. à c. de purée de gingembre)
- 1 pincée de cannelle selon le goût
- 2 c. à s. de crème de coco (en brique)
- Graines de courge

# Chou chinois en salade

Temps de préparation : 15 mn

- Rincer le chou chinois et le persil, nettoyer les champignons à l'aide d'un papier essuie-tout.
- Tailler le chou chinois en fines lamelles. Faire de même avec les champignons. Verser le tout dans un saladier.
- Émincer grossièrement le persil. Le déposer dans le saladier.
- Découper les suprêmes d'orange.
- Écraser les restes de l'orange dans la main afin d'en retirer le maximum de jus au-dessus des légumes dans le saladier. Saler, saupoudrer de poudre de clou de girofle. Verser l'huile et le vinaigre et goûter. Rectifier l'assaisonnement si besoin.
- Faire griller les graines de sésame dans une petite poêle à sec quelques instants. Les parsemer sur la salade et mélanger délicatement.
- Servir immédiatement.

## Pour 2 personnes

- 1/2 chou chinois
- 1 orange
- 4 champignons de Paris de taille moyenne
- 1 petit bouquet de persil
- 4 c. à s. d'huile de colza ou de cameline
- 2 c. à s. de vinaigre balsamique de pommes
- 1 c. à s. de graines de sésame
- 1 pincée de poudre de clou de girofle par personne
- Sel aux herbes

## Suggestion

*Pendant que vous faites griller les graines de sésame, vous pouvez ajouter 1 c. à s. rase d'algues du pêcheur (voir page 10). Le fait de chauffer les algues va développer leur parfum et donner une saveur iodée à la salade.*

# Potiron et 4 choux

Temps de préparation : 15 mn

Temps de cuisson : 20+15 mn

- Prélever les fleurettes du chou romanesco et des choux-fleurs. Ôter les premières feuilles de choux de Bruxelles et les couper en 2 dans le sens de la longueur. Mettre le tout à cuire à la vapeur douce pendant 15 mn.
- Pendant ce temps, ôter la peau de la moitié d'une courge butternut, vider son centre, la détailler en lamelles puis en cubes.
- Laver le potimarron et procéder de la même façon que pour la courge butternut. Éplucher les gousses d'ail et les écraser grossièrement à l'aide de la tranche du couteau. Ajouter la muscade et la cannelle. Déposer le tout dans un faitout et couvrir d'eau à hauteur. Saler, poivrer à convenance.
- Faire cuire à feu doux et à couvert pendant 20 mn.
- Verser le tout dans un blender, ajouter l'huile de coco et « blender » jusqu'à obtenir une crème onctueuse.
- Dans 4 assiettes, répartir équitablement le crémeux, puis les 4 sortes de choux, et parsemer de gomasio.

## Pour 4 personnes

- 1 potimarron moyen
- 1/2 courge butternut
- 10 fleurettes de chou-fleur blanc
- 10 fleurettes de chou-fleur vert ou 20 fleurettes de chou-fleur blanc
- 10 sommités de chou romanesco
- 10 petits choux de Bruxelles
- 2 gousses d'ail
- 1 c. à c. rase de noix de muscade en poudre
- 1 pincée de cannelle
- 1 grosse c. à s. d'huile de coco
- Sel, poivre
- Gomasio

# Salade endives et mandarines

**Temps de préparation : 10 mn**

## Pour 2 personnes

- 2 endives
- 1 avocat
- 1 mandarine
- 1 cébette (oignon frais)
- 1/2 fenouil
- 2 c. à s. de fromage végétal à l'ail des ours
- 2 c. à s. d'huile d'olive/colza
- Le jus d'1 citron vert
- 2 c. à s. de tamari
- Un peu de poudre de piment doux

- Détailler les endives en fines lamelles.
- Découper l'avocat en petits cubes.
- Peler et détailler la mandarine en quartiers.
- Couper de fines lamelles de fenouil, puis les détailler en petits cubes. Réserver la barbe du fenouil.
- Tailler la cébette finement.
- Déposer tous ces ingrédients (sauf la barbe du fenouil) dans un saladier et mélanger.
- Dans un bol, déposer le fromage végétal. Verser le jus de citron vert et, à l'aide d'un fouet, mélanger jusqu'à obtenir une préparation lisse.
- Ajouter l'huile, mélanger à nouveau.
- Ajouter le tamari.
- À l'aide de ciseaux, détailler finement la barbe du fenouil dans la sauce. Mélanger.
- Répartir la salade dans deux assiettes et arroser avec la sauce. Saupoudrer de poudre de piment doux.

# Les plats de l'hiver

# Petits pâtés et tofu

Temps de préparation : 30 mn

Temps de cuisson : 15 mn

**Préparer la purée**

- Éplucher les pommes de terre et les détailler en dés. Ajouter du lait de riz pour les couvrir, le sel marin et faire cuire jusqu'à ce que les pommes de terre soient tendres pour en faire une purée.

**Pendant ce temps, préparer les petits pâtés**

- Nettoyer les légumes. Détailler le poireau en lamelles, puis l'émincer finement, faire des bâtonnets de carotte, puis les détailler en petits cubes, trancher les champignons, puis les réduire en hachis grossier.
- Émincer l'oignon et hacher l'ail menu.
- Découper la tofinelle ou le tofu en cubes.
- Verser l'huile dans un wok, la faire chauffer, puis ajouter le tofu, les légumes, l'oignon et l'ail, le curcuma et le persil.
- Laisser mijoter à feu doux pendant 8 mn en remuant de temps en temps. Saler, poivrer.
- Préchauffer le four à 180°.
- Lorsque les pommes de terre sont cuites, les réduire en purée, ajouter un peu de lait de riz, si nécessaire, pour obtenir la consistance voulue.
- Mélanger intimement la purée de pommes de terre avec les légumes cuits et remplir des petits moules huilés. Parsemer de gomasio. Enfourner pour 15 mn à 180°.

## Suggestion

*Ces petits pâtés peuvent se manger chauds ou froids, accompagnés de légumes de saison vapeur sur lesquels vous aurez versé un filet d'huile de colza pour faire le plein d'oméga 3 ! Vous aurez ainsi un plat complet végétarien.*

## Pour 8 petits pâtés

*(en prévoir 2 par personne)*

- 6 pommes de terre pour purée
- Lait de riz
- 1 bonne pincée de sel marin
- 1 blanc de poireau
- 1 carotte
- 5 champignons de Paris
- 1 tofinelle aux champignons ou à défaut, 150 g de tofu parfumé
- 2 gousses d'ail
- 1 petit oignon
- 4 c. à s. d'huile de sésame
- 1 c. à c. de curcuma ou curry suivant les goûts
- 1 c. à s. de persil séché ou mieux un bouquet de persil frais
- Sel, poivre
- Gomasio

# 3 choux croquants et frites fondantes

Temps de préparation : 20 mn

Temps de cuisson : 20 mn

- Détailler les 3 choux en bouquets uniformes pour que la cuisson soit égale. Dans une cocotte, verser 4 c. à s. d'huile d'olive et faire chauffer doucement. Lorsque l'huile est chaude, verser les bouquets et mélanger pour bien enrober les légumes avec l'huile. Ajouter 2 verres d'eau. Couvrir.
- Laisser cuire à feu doux pendant une quinzaine de minutes, saler en fin de cuisson... Les choux doivent rester un peu croquants.
- Pendant qu'ils cuisent, éplucher les patates douces et les trancher comme des frites. Émincer l'oignon finement. Dans une poêle, verser 1 c. à s. d'huile d'olive et 1 c. à s. d'huile de coco. Ajouter l'oignon émincé, le faire blondir.
- Déposer la moutarde dans la poêle. Remuer pour bien mélanger le tout.
- Verser les frites de patates douces, remuer, couvrir et laisser cuire à feu doux en remuant de temps en temps. Il est important de couvrir pour que ces frites cuisent correctement.
- Découper des tranches de panisse en frites et, lorsque les patates douces sont fondantes, les ajouter, remuer, puis ajouter le tamari et faire cuire encore 5 mn.
- Pour le service, déposer une bonne part des 3 choux dans chaque assiette creuse, verser un filet d'huile de sésame, puis ajouter les frites fondantes et parsemer de gomasio.

## Pour 4 personnes

- 1 gros brocoli
- 1 chou-fleur moyen
- 1 chou romanesco
- 3 patates douces
- 1 rouleau de 400 g de panisse*
- 1 oignon
- 5 c. à s. d'huile d'olive
- 1 c. à s. d'huile de coco
- 2 c. à s. de moutarde douce (ou à l'ancienne)
- 2 c. à s. de tamari
- Un filet d'huile de sésame grillé ou de colza
- Gomasio
- Sel aux herbes

*voir recette page 87

# Riz citronné aux légumes verts

Temps de préparation : 10 mn

Temps de cuisson : 25 mn

## Pour 4 personnes

- 3 poireaux
- 200 g de pousses d'épinards
- 1 avocat
- 3 gousses d'ail
- 2 verres de riz thaï 1/2 complet
- 4 verres d'eau
- 1 c. à c. rase de gros sel
- L'écorce d'un citron bio
- Le jus d'un 1/2 citron
- 3 c. à s. d'huile d'olive
- 3 grosses c. à s. de graines de tournesol germées
- 100 g de graines de radis germées
- Sel aux herbes et une petite mesure de sel de l'Himalaya, poivre

- Déposer le riz dans une casserole, verser l'eau et le gros sel. Lorsque l'eau du riz commence à bouillir, râper le citron au-dessus de la casserole puis laisser cuire jusqu'à la fin de la cuisson du riz.
- Laver les poireaux, les émincer en fines lamelles. Peler les gousses d'ail. Rincer les pousses d'épinards et leur ôter le maximum d'eau à l'aide d'un papier absorbant.
- Verser l'huile dans un wok, ajouter les lamelles de poireaux et l'ail écrasé. Saler légèrement avec le sel aux herbes. Faire suer à feu doux tout en remuant.
- Pendant ce temps, préparer un petit pâté végétal avec l'avocat, le jus de citron et les graines de tournesol germées. Mixer le tout dans un petit robot pour obtenir une pâte encore un peu grossière.
- Lorsque les poireaux sont fondus, ajouter les épinards, saler avec le sel de l'Himalaya et poivrer. Laisser fondre les feuilles d'épinards juste une minute.
- Pour servir, poser un cercle dans l'assiette, déposer le riz en son centre, tasser légèrement. Ôter le cercle, déposer un petit tas de pâté végétal, un peu de légumes et les graines de radis germées par-dessus, et tout autour, comme sur la photo.

## Suggestion

*Vous pouvez ajouter un peu d'huile de pépin de courges et du piment d'Espelette pour apporter de la couleur !*

# Quinoa poireau et champignons

Temps de préparation : 15 mn

Temps de cuisson : 30 mn

## Pour 4 personnes

- 1 verre de quinoa
- 2 verres d'eau
- 1 poireau
- 8 champignons de Paris
- 200 g de pois chiches cuits
- 2 gousses d'ail
- Huile d'olive
- 1 c. à s. de tamari
- Poivre

- Rincer le quinoa abondamment. Le faire cuire dans l'eau salée et à couvert pendant 15 mn. Éteindre le feu et laisser gonfler encore quelques minutes.
- Retirer la queue des champignons, les couper en lamelles, puis tronçonner le poireau en rondelles pas trop fines.
- Faire fondre le poireau dans une sauteuse avec un peu d'huile d'olive, puis ajouter les champignons.
- Laisser mijoter jusqu'à ce que les légumes deviennent fondants.
- Ajouter les pois chiches, l'ail et le tamari, du poivre et laisser cuire encore quelques minutes.
- Servir chaud avec le quinoa.

## Suggestion

Pour obtenir une recette de saveur différente, vous pouvez remplacer les champignons de Paris par des shiitakés.

# Riz coco et haricots aux épices

Temps de préparation : 5 mn

Temps de cuisson : 25 mn

## Pour 4 personnes

- 250 g de riz thaï 1/2 complet
- 1 boîte de 400 ml de lait de coco
- 100 g de haricots rouges cuits
- 100 g de haricots blancs cuits
- 1 c. à s. d'épices de mélange pour chili
- 1 oignon rouge
- 3 gousses d'ail
- 3 c. à s. d'huile d'olive
- Sel, poivre
- Tamari (facultatif)

- Rincer le riz et le faire cuire avec le lait de coco et la valeur de la boîte de lait de coco remplie d'eau. Saler et laisser cuire jusqu'à absorption de tout le liquide.
- Pendant ce temps, éplucher l'oignon et l'émincer finement. Peler l'ail et l'écraser à l'aide d'un presse-ail.
- Verser l'huile dans une poêle, ajouter le mélange d'épices, l'ail pressé et l'oignon. Faire cuire à feu doux.
- Dans une assiette, verser la valeur de 3 c. à s. de haricots blancs cuits et les écraser à l'aide d'une fourchette pour obtenir une purée.
- Verser le reste des haricots (rouges et blancs) dans la poêle, saler, poivrer et faire chauffer doucement en remuant de temps en temps.
- Ajouter la purée de haricots et bien mélanger pour lier tous les haricots.
- Servir les haricots dans l'assiette sur le riz.

## Suggestion

Vous pouvez ajouter un peu de tamari si vous le souhaitez.

# Feuilleté de choux

- Brosser les carottes et les détailler en tronçons assez grossiers. Les faire cuire pendant environ 20 mn dans une cocotte, couvertes d'eau salée avec une grosse pincée de gros sel marin. Elles doivent rester fermes.
- Détailler la tête de brocoli en petits bouquets, peler le tronc et le couper en cubes. Faire cuire le tout dans une casserole avec un fond de lait de riz. Couvrir et faire cuire à feu doux pendant 15 mn sans oublier de saler.
- Émincer séparément l'oignon et l'ail très finement.
- Effeuiller le chou frisé, rincer les feuilles et ôter la partie dure qui se trouve à la base des feuilles. Les déposer dans un panier pour une cuisson vapeur pendant environ 10 mn.
- Lorsque les carottes sont cuites, ajouter l'ail puis, à l'aide d'un presse-purée ou d'une fourchette, en faire une purée grossière. Ajouter le cumin et mélanger. Écraser également le brocoli.
- Préchauffer le four à 180°.
- Dans un wok, faire chauffer 2 c. à s. d'huile d'olive et, lorsqu'elle est chaude, verser l'oignon, le faire cuire jusqu'à ce qu'il devienne transparent. Ajouter la purée de brocoli et le tamari. Mélanger, éteindre le feu.
- Prendre un moule à manqué et huiler son fond. Déposer une partie des feuilles de chou de façon à en couvrir le fond. Verser la totalité de la purée de carottes et lisser pour couvrir le chou. Déposer une autre couche de feuilles de chou, puis verser la purée de brocoli et lisser également. Finir par une couche de feuilles de chou arrosée de la c. à s. d'huile d'olive restante.
- Déposer une feuille de papier sulfurisé sur le moule et enfourner pour 30 mn.
- À la sortie du four, laisser tiédir et démouler sur une assiette.

**Temps de préparation :** 30 - 40 mn

**Temps de cuisson :** 30 mn

## Pour 8 parts

- 6 carottes de sable
- 1 grosse tête de brocoli
- 1 oignon
- 4 gousses d'ail
- 1 chou frisé
- 1 c. à c. de cumin
- 3 c. à s. d'huile d'olive
- Un peu de lait de riz
- Sel, poivre
- Gros sel marin
- 1 c. à c. de tamari

## Suggestion

*Un œuf brouillé avec du riz thaï, et vous aurez une assiette complète végétarienne.*
*Se mange chaud ou froid.*

# Lentilles potagères

Temps de préparation : 15 mn

Temps de cuisson : 25 mn

## Pour 2 à 3 personnes

- 2 poireaux
- 1/2 potimarron
- 1 grosse pomme de terre
- 1 bocal de lentilles cuites de 345 g
- 4 grosses échalotes
- 4 c. à s. d'huile d'olive
- 6 c. à s. d'eau
- 6 c. à s. de vinaigre de cidre non pasteurisé
- Sel, poivre

- Laver les poireaux à l'eau claire pour enlever la terre. Les trancher en rondelles épaisses. Brosser le potimarron, s'il est bio il n'y a pas besoin de l'éplucher. Le découper en cubes assez gros.
- Éplucher la pomme de terre et la couper en petits cubes d'un centimètre environ. Peler les échalotes, en réserver une pour la fin et détailler les 3 autres en lanières grossières.
- Déposer les cubes de potimarron et les lanières d'échalotes dans un wok ou une grande poêle. Verser l'huile et faire revenir à petit feu et à couvert en remuant de temps en temps pendant une dizaine de minutes. Ajouter les pommes de terre, remuer et faire cuire 5 mn en ajoutant l'eau. Saler, poivrer.
- Verser les rondelles de poireaux, remuer, couvrir et laisser cuire encore 10 mn sans oublier de remuer.
- Pendant ce temps, émincer très finement la dernière échalote, la déposer dans un bol et verser le vinaigre par-dessus. Mélanger.
- Lorsque les poireaux sont fondants, verser les lentilles cuites, remuer et laisser réchauffer quelques minutes encore. Rectifier l'assaisonnement et servir chaud.
- Chaque convive versera dans son assiette un peu de vinaigrette d'échalote.

# Tarte des bois et sa pâte aux coquillettes

Temps de préparation : 15 mn

Temps de cuisson : 40 mn

- Préchauffer le four à 180°.
- Faire cuire les coquillettes. Il est préférable qu'elles ne soient pas « al dente ».

**Préparer la pâte à tarte**

- Dans un saladier, battre les œufs en omelette. Ajouter la farine de soja et le sel. Battre à nouveau. Incorporer la moutarde et bien mélanger. Verser les pâtes cuites et mélanger intimement.
- Chemiser un moule à tarte avec du papier sulfurisé. Verser le mélange et aplatir avec le dos d'une cuillère ou d'une maryse. Augmenter la chaleur du four à 210° et enfourner 9 mn. La pâte devient croustillante sur le dessus.

**Pendant ce temps, préparer la garniture**

- Brosser la carotte et la découper en crayon. Éplucher et émincer les oignons. Rincer le poireau et le détailler en rondelles.
- Faire chauffer l'huile dans un wok ou une grande poêle, verser les carottes, les oignons et le poireau et faire cuire à feu moyen.
- Découper le navet en lamelles, l'ajouter aux légumes. Émincer les shiitakés en lamelles également. Les ajouter, ainsi que le tahin.
- Lorsque les légumes sont tendres, les déposer sur la pâte sortie du four. Battre le tofu soyeux et les œufs, ajouter le tamari. Verser le mélange sur les légumes, lisser. Saupoudrer avec les amandes effilées et une poignée généreuse de gomasio.
- Faire cuire au four pendant 10 mn à 180°.

Carottes « en crayon »

## Pour 8 personnes

### Pour la pâte à tarte

- 4 œufs
- 2 c. à s. de farine de soja toastée
- 250 g de coquillettes sans gluten
- 2 belles c. à s. de moutarde à l'ancienne
- Sel

### Pour la garniture

- 4 oignons rouges
- 1 navet nouveau
- 1 carotte
- 10 shiitakés
- 1 poireau
- 1 grosse cuillerée à soupe de tahin
- 3 c. à s. d'huile d'olive
- 3 c. à s. de tamari
- 2 œufs
- 100 g de tofu soyeux
- 1 poignée d'amandes effilées (facultatif)
- Gomasio

# Légumes et œufs à la crème anisée

Temps de préparation : 15 mn

Temps de cuisson : 25 mn

## Pour 2 personnes

- 1/2 chou rouge
- 4 champignons shiitakés
- 1 oignon rouge
- 3 pommes de terre moyennes
- 1/2 fenouil
- 4 c. à s. d'huile d'olive
- 2 c. à s. de tamari
- 1 yaourt végétal nature
- 2 œufs durs
- Sel et poivre selon le goût

- Émincer le chou rouge en lamelles fines. Ôter la queue des shiitakés et les détailler en lamelles. Couper l'oignon en petits cubes. Verser l'huile d'olive dans une cocotte et ajouter ces 3 ingrédients. Saler, poivrer et laisser mijoter à feu doux pendant 20 mn en remuant de temps en temps.
- Pendant ce temps, éplucher les pommes de terre et les couper en cubes grossiers.
- Partager le fenouil en 2* en ôtant la partie dure du centre et le détailler en fines lamelles. Réserver quelques barbes du fenouil pour la suite de la recette.
- Poser les cubes de pommes de terre d'un côté d'un cuit-vapeur et les lamelles de fenouil de l'autre. Faire cuire à la vapeur douce pendant 15 mn environ.
- Verser le yaourt, les lamelles de fenouil et une partie des barbes dans un bol et mixer le tout jusqu'à obtenir un mélange lisse. Ajouter le tamari, mixer de nouveau.
- Dans 2 assiettes creuses, partager le contenu de la cocotte, ajouter les pommes de terre par-dessus. Écaler les œufs, les fendre en 2 et les déposer sur le dessus. Verser le crémeux anisé, décorer de quelques brins de barbes de fenouil et servir immédiatement.

**Possibilité de réserver l'autre moitié de fenouil et de l'ajouter à une salade en entrée. Cru, le fenouil est délicieux et apporte du croquant.*

# Saucisses végétales aux légumes

Temps de préparation : 15 mn

Temps de cuisson : 20 mn

- Peler et couper les pommes de terre en dés. Les déposer dans une casserole et couvrir à hauteur de lait de riz. Ajouter le sel et faire cuire à couvert jusqu'à ce que les pommes de terre soient fondantes.
- Pendant ce temps, dénoyauter les olives, les détailler en petits dés.
- Éplucher et râper grossièrement les carottes.
- Détailler le fenouil en lamelles, puis en cubes.
- Peler l'ail et le détailler grossièrement. Verser 3 c. à s. d'huile d'olive dans un wok et y faire revenir l'ail et le fenouil à feu vif pendant une minute tout en remuant, puis ajouter les carottes et laisser cuire à feu doux jusqu'à attendrissement des carottes.
- Couper les saucisses végétales en 2. Dans une poêle, verser 1 c. à s. d'huile d'olive et les faire cuire doucement en les retournant de temps en temps.
- Écraser les pommes de terre pour obtenir une purée un peu grossière, ajouter les olives, puis 2 c. à s. d'huile d'olive. Mélanger.
- Pour le service, poser un cercle dans une assiette et y tasser la purée. Ôter le cercle et ajouter les saucisses, puis la poêlée de légumes autour.

## Pour 2 personnes

- 750 g de pommes de terre pour purée
- 7 olives noires
- 2 belles carottes
- 1 fenouil
- Lait de riz
- 3 gousses d'ail
- 2 saucisses végétales
- 6 c. à s. d'huile d'olive
- 1 c. à c. rase de sel

# Clairchoux

**Temps de préparation :** 10 mn

**Temps de cuisson :** 30-35 mn

## Pour 4 personnes

- 1 chou vert frisé
- 2 oignons rouges
- 3 gousses d'ail
- 1 gros dé de gingembre
- 5 c. à s. d'huile d'olive
- 200 g de châtaignes sous vide
- 3 grosses patates douces
- 4 tomates séchées à l'huile d'olive
- 4 œufs
- Sel marin

- Faire cuire les œufs dans une grande casserole d'eau jusqu'à ébullition. Arrêter le feu et laisser les œufs dans l'eau bouillante pendant 3 mn. Puis faire couler de l'eau froide dans la casserole jusqu'à complet refroidissement de l'eau.
- Effeuiller le chou, laver les feuilles et enlever les grosses côtes. Émincer finement les feuilles de chou.
- Émincer les oignons en petits dés.
- Peler les patates douces et les couper en gros dés.
- Les déposer dans une cocotte à fond épais, ajouter les tomates séchées, un peu de leur huile, 2 gousses d'ail entières, un peu de sel marin et verser un fond d'eau sans recouvrir les patates douces. Laisser cuire à feu doux pendant 20 à 25 mn en vérifiant la cuisson de temps en temps et en veillant à ce qu'il reste un peu d'eau dans le fond.
- Découper les châtaignes en cubes.
- Peler l'ail restant et le gingembre et les écraser dans la poêle avec l'huile d'olive. Faire revenir quelques instants. Ajouter les oignons et les faire blondir.
- Lorsque les oignons sont bien fondus, ajouter les châtaignes et les faire mijoter quelques minutes en remuant sans arrêt.
- Verser le chou émincé et bien remuer en vous aidant de 2 cuillères en bois. Laisser cuire à feu doux pendant environ 10 mn.
- À l'aide d'un mixeur plongeant, mixer les patates douces pour obtenir une purée lisse. Rectifier l'assaisonnement. Écaler les œufs.
- Pour le service, déposer une couche de chou aux châtaignes, la purée de patates douces par-dessus et l'œuf ouvert que vous laisserez couler au sommet de la purée.

# Chou rouge en hiver

Temps de préparation : 10 mn

Temps de cuisson : 20 mn

## Pour 4 personnes

- 1/2 chou rouge
- 1 navet boule d'or
- 2 pommes
- 5 c. à s. d'huile d'olive
- 1 oignon rouge
- 2 gousses d'ail
- Quelques feuilles de persil
- 80 g de poudre d'amande
- 3 bouquets de brocoli
- 1 c. à s. de tamari
- 3 c. à s. d'huile de pépin de courge ou d'olive
- 4 c. à s. de sève de bouleau (facultatif)
- Sel, poivre

- Ôter la grosse côte centrale du chou rouge et le détailler en fines lamelles. Peler le navet boule d'or, le trancher en fines lamelles puis en petits cubes.
- Éplucher les pommes, les évider et les tailler en cubes plus gros que le navet boule.
- Faire chauffer l'huile d'olive dans un wok et y déposer les lamelles de chou rouge, les cubes de navet et de pommes, cuire à feu doux en remuant de temps en temps pendant 5 mn.
- Pendant ce temps, éplucher l'oignon, l'émincer, le détailler en cubes.
- Ajouter dans le wok et laisser cuire en remuant de temps en temps pendant environ 15 mn. Le chou doit avoir pris une couleur rosée, et le navet et les pommes doivent être fondants. Saler, poivrer.
- C'est le moment de préparer l'accompagnement dynamisant.
- Dans un petit mixer, déposer la poudre d'amande, le persil, l'ail épluché, les bouquets de brocoli et l'huile.
- Mixer le plus finement possible, puis ajouter la sève de bouleau et le tamari. Mixer encore quelques secondes.

### Suggestion

*Vous pouvez servir ce plat avec du tofu, des œufs et une céréale (riz ou quinoa) pour une assiette végétarienne complète.*

# Œuf exotique

Temps de préparation : 5 mn

Temps de cuisson : 20 mn

## Pour 2 personnes

- 1 oignon rouge
- 100 g de cubes d'ananas frais ou en boîte (bien égouttés)
- 3 c. à s. d'huile d'olive
- 50 ml de sauce tomate
- 100 g de riz basmati 1/2 complet
- 50 g de noix de cajou
- 2 pincées de curry
- 2 œufs
- Persil
- Sel, poivre

- Émincer l'oignon assez finement.
- Faire chauffer 2 c. à s. d'huile d'olive dans une grande poêle et y faire revenir l'oignon et les cubes d'ananas pendant 5 mn.
- Ajouter le riz et le faire revenir jusqu'à ce qu'il devienne translucide. Verser la sauce tomate et couvrir d'eau. Saler, poivrer à convenance.
- Laisser cuire à petit feu jusqu'à absorption de l'eau. Ne pas hésiter à ajouter un peu d'eau au fur et à mesure de la cuisson jusqu'à complète cuisson du riz.
- Ajouter les noix de cajou et remuer.
- Verser 1 c. à s. d'huile dans une petite poêle, y ajouter le curry, le faire revenir rapidement, puis casser les œufs et les faire cuire « au plat ».
- Disposer un œuf dans chaque assiette et entourer avec le riz. Parsemer de persil.

### Suggestion

Quelques algues grillées à sec rapidement peuvent apporter à cette assiette une saveur plus prononcée et des nutriments en supplément.

# Pâtes aux légumes d'hiver

**Temps de préparation :** 10 mn

**Temps de cuisson :** 20 mn

## Pour 2 personnes

- 1 bouquet de brocoli
- 1 bulbe de fenouil
- 250 g de pâtes sans gluten
- 750 ml d'eau
- 1 c. à s. de tamari
- 2 c. à s. d'huile d'olive
- Une dizaine de champignons de Paris
- 1 c. à s. de cranberries séchées
- 1 avocat mûr
- Sel, poivre
- 4 tranches de panisse (facultatif)

- Rincer et découper le brocoli en petits bouquets. Ôter les parties dures autour du tronc et découper le tronc en rondelles. Détailler le fenouil en fines lamelles, puis en petits cubes, réserver la barbe du fenouil pour la fin de la recette. Déposer le brocoli et le fenouil dans un faitout ou un wok, ajouter l'huile d'olive, les pâtes, l'eau, le sel, le poivre et les cranberries, et couvrir. Porter à ébullition, puis baisser le feu et laisser cuire tout en remuant de temps en temps pendant une dizaine de minutes.
- Pendant ce temps, brosser les champignons, les découper en 4. Découper la panisse en petits cubes. Incorporer les champignons et la panisse, et laisser cuire à feu doux encore une dizaine de minutes.
- Émincer finement la barbe du fenouil et détailler l'avocat en petits cubes. Lorsque l'eau des pâtes est évaporée, le plat est prêt, verser le tamari et remuer.
- Servir en le parsemant des cubes d'avocat et des barbes de fenouil ciselées.

## Recette de la Panisse

125 g de farine de pois chiches - 1/2 litre d'eau - 1 c. à s. d'huile d'olive - 1 gousse d'ail - sel

Faire chauffer l'eau, le sel, la gousse d'ail et l'huile d'olive. Dès que l'eau bout et hors du feu, verser la farine en pluie en mélangeant sans cesse avec un fouet. Remettre cette pâte à chauffer à feu doux. Si la pâte est grumeleuse, vous pouvez la mixer à l'aide d'un mixeur. Mélanger pendant 10 mn jusqu'à obtention d'une pâte épaisse et lisse. Verser le tout dans un moule. Laisser refroidir au frais. Démouler et découper des tranches.

La panisse peut se faire dorer à la poêle avec un peu d'huile d'olive lorsqu'elle est servie en accompagnement. Elle peut se congeler.

# Spaghettis des bois

Temps de préparation : 15 mn

Temps de cuisson : 50 mn*

*Temps de cuisson de la courge

- À l'aide d'une fourchette, piquer la peau de la courge. La mettre à cuire au cuit-vapeur pendant environ 50 mn. La cuisson dépendra de la grosseur de la courge. Elle est cuite lorsque la pointe d'un couteau s'enfonce facilement dans sa peau.
- Pendant ce temps, détailler le brocoli en petits bouquets, émincer l'oignon, peler l'ail, détailler le céleri en lamelles, nettoyer et émincer les champignons en tranches épaisses, hacher les châtaignes et le gingembre finement.
- Dans une poêle, faire chauffer l'huile d'olive, ajouter l'ail et les bouquets de brocoli, couvrir. Faire cuire à petit feu pendant 5 mn en remuant de temps en temps. Ajouter les lanières de champignons et l'ail pilé. Laisser cuire quelques minutes, toujours à couvert en remuant. Saler.
- Dans une autre poêle, faire fondre l'huile de coco, ajouter l'oignon émincé, le gingembre détaillé très finement et les châtaignes hachées. Faire fondre à petit feu en remuant de temps à autre. Lorsque l'oignon est transparent, ajouter la sauce tomate et les haricots rouges.
- Laisser mijoter à petit feu pendant 5 mn.
- Lorsque la courge est cuite, la couper en 2, ôter les graines à l'aide d'une cuillère à soupe, puis détacher les filaments à l'aide d'une fourchette. Les verser dans la sauce tomate et mélanger.
- Pour servir, poser un cercle au centre de l'assiette, y déposer « les spaghettis », tasser puis ôter le cercle et disposer les légumes tout autour.

## Pour 4 personnes

- 1 grosse courge spaghetti
- 15 champignons de Paris
- 100 g de châtaignes cuites
- 1 brocoli
- 1 branche de céleri
- 240 g de haricots rouges cuits (ou 1 petite boîte)
- 1 oignon
- 2 gousses d'ail
- 1 c. à s. d'huile de coco
- 1 c. à s. d'huile d'olive
- 100 ml de sauce tomate
- 1 dé de gingembre
- Sel

# Les gourmandises de l'hiver

# Aumônières gourmandes

Temps de préparation : 15 mn

Temps de cuisson : 30 mn

## Pour 4 personnes

- 5 œufs
- 250 g d'arrow root
- 250 g de farine de riz complet
- 1 pincée de sel
- 850 ml de lait de millet ou 750 ml de lait de riz
- 2 c. à s. d'huile d'olive
- 2 pamplemousses
- 2 bananes mûres
- 1 c. à c. rase de mélange 4 épices
- 4 carrés de chocolat à 70 % sans gluten
- Le zeste d'un citron vert

**Pour la pâte à crêpes**

- Dans un saladier, casser les œufs, ajouter l'arrow root, la farine de riz, le sel et le lait végétal.
- À l'aide d'un mixeur plongeant, mixer le tout jusqu'à obtenir une pâte lisse et homogène. Ajouter l'huile d'olive et mixer de nouveau.

**Pour les aumônières**

- Préchauffer le four à 180°.
- Prélever quelques bandes fines de zeste de citron vert à l'aide d'un couteau bien aiguisé. Les détailler finement.
- Peler à vif les pamplemousses et en prélever les quartiers. Recueillir le jus.
- Dans une casserole, déposer les quartiers de pamplemousse avec leur jus, le citron et les 4 épices.
- Laisser mijoter à feu doux jusqu'à obtenir une purée.
- Faire 4 crêpes.
- Découper les bananes en rondelles.
- Répartir la purée de pamplemousse dans chaque crêpe, y déposer les rondelles de bananes équitablement, puis un carré de chocolat.
- Refermer les crêpes à l'aide d'un pique-olive.
- Huiler un moule allant au four et y déposer les aumônières. Faire cuire pendant 10 mn.

# Crème au curcuma et pépites croquantes

Temps de préparation : 10 mn

Temps de cuisson : 5 mn

- Faire fondre le chocolat et l'huile de coco au bain-marie.
- Pendant ce temps, à l'aide d'un pilon, écraser finement les galettes de riz. Lorsque le chocolat est fondu, le verser sur les miettes de galettes de riz. Mélanger intimement pour bien imprégner les miettes avec le chocolat. Réserver au congélateur.
- Éplucher le curcuma et le découper en fines lamelles. Le mettre dans un petit blender.
- Peler la mangue et la découper en morceaux. Ajouter les morceaux dans le blender puis y déposer les feuilles de basilic. Mixer le tout pour obtenir une crème bien lisse.
- Dans le fond des verrines, répartir les miettes de galettes de riz chocolatées. En réserver un peu pour la décoration. Ajouter la crème de mangue par-dessus, puis verser un demi-yaourt.
- Parsemer de miettes chocolatées et servir.

## Pour 4 personnes

- 100 g de chocolat noir sans gluten à 70 %
- 6 galettes fines de riz
- 2 c. à s. d'huile de coco
- 1 rhizome de curcuma (environ 2 cm)
- 1 mangue mûre
- 8 feuilles de basilic frais ou 1 c. à c. de basilic en poudre
- 2 yaourts de soja vanille

## Suggestion

Un petit dessert de dernière minute lorsqu'un repas entre amis s'improvise !

# Crème kaki tonic

Temps de préparation : 10 mn

Temps de repos : 2 h au frais

## Pour 4 personnes

- 2 kakis
- 1 mangue bien mûre
- 20 cl de crème de coco liquide
- 1 c. à s. de sirop d'agave
- 1 c. à c. de cannelle en poudre
- 4 c. à s. de sève de bouleau lactofermentée
- 1 tranche de citron cédrat bio ou la peau d'un citron jaune

- Peler les kakis et les découper en morceaux.
- Éplucher la mangue et la trancher en lamelles autour du noyau, puis en morceaux comme les kakis.
- Mélanger les kakis et les morceaux de mangue dans un saladier et ajouter le sirop d'agave.
- Verser la crème de coco.
- Ajouter la cannelle et la sève de bouleau lacto-fermentée.
- Découper la tranche de citron cédrat ou la peau d'un citron en petits cubes.
- Verser le tout dans le bol d'un blender et mixer pendant 2 mn.
- Verser la crème dans les verrines et mettre au frais pendant au moins 2 heures.

## Suggestion

Veillez à choisir des kakis bien mûrs. Le kaki est un fruit d'hiver dont les nombreuses vertus ne sont pas négligeables. Il est riche en vitamine C et en sels minéraux.

# Gâteau de crêpes

**Temps de préparation : 20 mn**

**Temps de repos : 2 h au réfrigérateur**

## Pour 8 personnes

- 3 œufs
- 125 g d'arrow root
- 125 g de farine de riz
- 1 pincée de sel
- 450 ml de lait de riz
- 1 c. à s. d'huile d'olive
- 1 pot de 125 g de purée de châtaignes à la vanille
- 100 g de cerneaux de noix
- 100 g de chocolat noir sans gluten à 70 %
- 2 c. à s. de crème végétale de riz

- Battre les œufs et la pincée de sel en omelette. Verser l'arrow root (attention c'est très volatile) et l'incorporer aux œufs. Ajouter un peu de lait, puis la farine de riz en alternant pour ne pas faire de grumeaux et ainsi de suite jusqu'à épuisement des deux ingrédients.
- Incorporer l'huile d'olive et battre de nouveau.
- Faire les crêpes dans une crêpière légèrement huilée et mettre à fondre le chocolat avec la crème de riz au bain-marie.
- Concasser les noix à l'aide d'un couteau bien tranchant.
- Préparer le gâteau en posant une première crêpe, étaler une couche de purée de châtaignes, parsemer de noix concassées, ajouter une crêpe, puis verser un peu de chocolat fondu et l'étaler, remettre une crêpe et recommencer l'opération jusqu'à ce qu'il n'y ait plus de crêpes.
- Placer le gâteau de crêpes au réfrigérateur et le laisser reposer 2 heures avant de servir.

# Mini Amandômiel

Temps de préparation : 10 mn

Temps de cuisson : 30 mn

- Préchauffer le four à 160°.
- Dans un saladier, verser la poudre d'amande, casser les œufs, ajouter le miel, le bicarbonate de soude et le yaourt de soja.
- Remuer le tout fermement à l'aide d'une cuillère.
- Ajouter les pépites de chocolat et mélanger délicatement.
- À l'aide de la cuillère à soupe, verser la pâte dans des petits moules en silicone et enfourner pour 1/2 heure.
- Vérifier la cuisson en les touchant du bout des doigts, les Amandômiel doivent être fermes au toucher.

### Pour une quarantaine de mini Amandômiel

- 200 g de poudre d'amande
- 3 œufs
- 3 belles c. à s. de miel liquide
- Une poignée de pépites de chocolat sans gluten
- 1 yaourt de soja nature
- 1/2 c. à c. de bicarbonate de soude

## Suggestion

*Ils sont tout aussi délicieux tièdes que froids !*

# Cake aux griottes confites

Temps de préparation : 20 mn

Temps de cuisson : 1 h

- Préchauffer le four à 180°.
- Dans un saladier, mettre le tahin et les yaourts l'un après l'autre jusqu'à obtenir une consistance de crème épaisse.
- Incorporer le sucre et bien mélanger le tout.
- Intégrer les œufs un à un en continuant de mélanger. La pâte devient filante.
- Mélanger la levure à la farine et tamiser le tout avant de l'incorporer à la pâte.
- Hacher les amandes grossièrement et les ajouter à la préparation. Mélanger.
- Enduire un moule à cake de margarine ou d'huile et le fariner légèrement.
- Dans un petit bol, verser la c. à c. de farine de riz et la cannelle, les mélanger intimement et verser les griottes afin de les enduire de ce mélange parfumé. Cela évitera qu'elles se mettent en tas dans la pâte.
- Renverser le contenu du bol sur la préparation et bien répartir les griottes dans la pâte.
- Verser le tout dans le moule et enfourner pour une heure de cuisson à 180°.
- Laisser tiédir avant de démouler. Peut se servir pour le p'tit déj. ou le goûter.

## Pour 8 gourmands

- 2 grosses c. à s. de tahin mou
- 2 yaourts de soja
- 120 g de sucre
- 3 œufs
- 100 g d'amandes entières non épluchées
- 180 g + 1 c. à c. de farine de riz
- 1 sachet de levure sans gluten
- 1 c. à c. de cannelle
- 100 g de griottes confites

# Crumble poires pommes carottes au gingembre

Temps de préparation : 15 mn

Temps de cuisson : 45 mn

- Préchauffer le four à 160°.
- Éplucher les pommes et les poires. Détailler les pommes en petits dés et les poires en très gros morceaux. Brosser les carottes et les râper. Déposer les fruits dans une jatte, ajouter le sirop d'agave et les 4 épices, puis les carottes râpées. Mélanger intimement avec les mains. Ajouter de fines lamelles de gingembre.
- Faire chauffer à feu doux 2 c. à s. d'huile d'olive dans une casserole et verser le contenu de la jatte par-dessus. Laisser compoter jusqu'à ce que la préparation devienne fondante, tout en remuant de temps à autre et toujours à petit feu.
- Pendant ce temps, préparer le crumble. À l'aide d'un petit robot, hacher grossièrement les noisettes. Déposer dans une jatte la purée de noisettes, les noisettes hachées, la farine de riz et les 3 c. à s. d'huile d'olive restantes. Mélanger avec une cuillère. Lorsque les ingrédients sont bien imbibés d'huile, on obtient un mélange sablonneux.
- Déposer le contenu de la casserole dans un plat à gratin, l'étaler uniformément, puis répartir le crumble par-dessus.
- Enfourner pour 45 mn à 160°.

## Pour 8 personnes

- 2 pommes
- 2 poires mûres
- 1 morceau de gingembre de la valeur d'un dé à coudre
- 2 petites carottes
- 5 c. à s. d'huile d'olive
- 150 g de noisettes
- 1 c. à café de mélange 4 épices
- 2 c. à s. de purée de noisettes
- 2 c. à s. de sirop d'agave
- 5 c. à s. de farine de riz

## Suggestion

*Ce crumble peut se déguster chaud, tiède ou froid.*

# Petits gâteaux au potimarron

**Temps de préparation :** 30 mn

**Temps de cuisson :** 45 mn

- Préchauffer le four à 180°.
- Brosser le potimarron et le découper en cubes sans l'éplucher. Le faire cuire à couvert dans de l'eau non salée et dans une cocotte à fond épais, à petit feu. Arrêter la cuisson lorsqu'il est tendre. L'égoutter.
- Pendant la cuisson du potimarron, préparer la pâte.
- Mélanger les farines et le bicarbonate de soude. Ajouter le sucre en l'incorporant bien aux farines.
- Casser les œufs et les intégrer au mélange précédent, puis ajouter la purée de châtaignes et l'huile, et battre le tout pour obtenir une préparation bien homogène.
- Verser le lait petit à petit et mélanger délicatement afin d'obtenir une pâte lisse et coulante.
- Écraser le potimarron à l'aide d'une fourchette et l'incorporer à la pâte (les petits morceaux de peau sont tendres et donneront de la couleur à la pâte).
- Huiler généreusement un plat ou des petits moules allant au four et y verser le tout.
- Enfourner pour 3/4 d'heure de cuisson à 180°, vérifier la cuisson à l'aide de la pointe d'un couteau, elle doit ressortir propre.

## Suggestion

*Quelques carrés de chocolat plantés sur le dessus des gâteaux, juste au moment de l'enfourner, peuvent le rendre un peu plus gourmand.*

## Pour 6 personnes

- 500 g de potimarron
- 100 g de sucre de canne
- 100 g de farine de riz
- 100 g de farine de sarrasin
- 4 œufs
- 1 cuillère à thé de bicarbonate de soude
- 2 c. à s. d'huile de sésame ou d'olive
- 50 cl de lait de riz
- 190 g de purée de châtaignes non sucrée
- Quelques carrés de chocolat noir sans gluten à 70 % (facultatif)

# Gâteau à la poêle

Temps de préparation : 10 mn

Temps de cuisson : 10 mn

## Pour 8 personnes

- 2 pommes
- 1 banane
- 1 verre de farine de riz
- 4 œufs
- 1 verre de lait d'amande/noisette ou lait de riz ou lait de soja
- 4 c. à s. de sucre de canne
- 1 c. à c. de cannelle + pour décoration
- 3 c. à s. d'huile de sésame ou d'olive
- 1 pincée de bicarbonate de soude
- 1 c. à c. de kuzu (ou fécule de pomme de terre ou arrow root)

- Peler les pommes et les détailler en petits morceaux. Éplucher la banane et la couper en rondelles fines. Mettre les pommes et la banane dans la poêle.
- Verser l'huile par-dessus et parsemer les fruits avec le sucre.
- Cuire à feu doux pour faire fondre les pommes et la banane et ajouter la cannelle en fin de cuisson.
- Pendant ce temps, casser les œufs dans un saladier, ajouter la pincée de bicarbonate et battre le tout comme pour une omelette.
- Puis, dans un verre, déposer le kuzu et ajouter le lait végétal. Bien mélanger le tout.
- Verser en pluie la farine de riz sur les œufs, mélanger puis incorporer le mélange lait + kuzu. Bien battre afin d'obtenir une pâte homogène et liquide.
- Répartir le tout dans la poêle sur le mélange pommes/banane et à l'aide d'une cuillère en bois, répandre le liquide autour des fruits, couvrir et laisser cuire à feu très doux jusqu'à ce que la pâte coagule.
- À l'aide du couvercle, retourner la pâte et la faire glisser dans la poêle. Couvrir de nouveau et laisser cuire l'autre côté à feu très doux quelques minutes.
- Une fois cuit, déposer ce gâteau dans un plat à tarte et le parsemer finement de cannelle.
- Ce gâteau se mange tiède ou froid...

# Improbable ananas aux algues

Temps de préparation : 10 mn

Temps de cuisson : 5 mn

## Pour 4 personnes

- 1 ananas mûr
- 1 c. à s. d'algues du pêcheur
- 1 c. à c. rase de cannelle
- 1 c. à c. rase de badiane en poudre
- 2 c. à s. de poudre de noisette
- 1 c. à s. de poudre de cacao cru (sinon cacao en poudre non sucré)
- 1 petit filet d'huile d'olive

- Couper la tête de l'ananas du côté des feuilles, couper la base à l'aide d'un grand couteau, puis en retirer la peau.
- À l'aide d'un petit couteau pointu, ôter les « yeux » de l'ananas qui sont allergisants pour certaines personnes.
- Couper l'ananas en tranches épaisses, puis les partager en 2, ôter la partie dure du centre.
- Détailler les tranches d'ananas en cubes.
- Dans une poêle, déposer la poudre de noisette, les algues et la badiane. Faire griller sur feu doux à sec pendant quelques minutes.
- Attention, la poudre de noisette grille très vite !
- Réserver ce mélange.
- Déposer le petit filet d'huile et les cubes d'ananas dans cette même poêle. Ajouter la cannelle. Faire chauffer en remuant pendant 2 à 3 mn.
- Couper le feu, ajouter le mélange algues, poudre de noisette et badiane dans la poêle, mélanger.
- Répartir les ananas dans 4 ramequins, puis par-dessus la dose de cacao, décorer avec les feuilles d'ananas, par exemple, et servir immédiatement.

# Les "bocos" de l'hiver

## Les bocaux à emporter au bureau

Vous souhaitez faire goûter votre cuisine à vos collègues de travail ? Voici une bonne idée pour partager votre repas. Recyclez vos bocaux en verre pour en faire des contenants. Ces "*bocos*" se réchauffent au bain-marie quelques minutes en ôtant le couvercle, ou se consomment froids.

Les "*bocos*" peuvent se préparer la veille et se conserver au réfrigérateur en attendant de les consommer.

# "Boco" quinoa pois chiches

Temps de préparation : 10 mn

Temps de cuisson : 25 mn

## Pour 1 "boco"

- 100 g de chou rouge
- 1 pomme sucrée
- 3 c. à s. d'huile d'olive
- 2 grosses gousses d'ail
- 1 c. à s. de tamari
- 3 c. à s. de pois chiches cuits
- 1 c. à c. de tahin
- 1 pincée de mélange 4 épices
- 50 g de quinoa cuit
- Sel, poivre

- Détailler le chou en fines lamelles en prenant soin d'ôter les grosses nervures.
- Peler la pomme et la détailler en petits cubes.
- Dans une poêle, faire chauffer 2 c. à s. d'huile d'olive, y presser une gousse d'ail et verser le chou rouge. Faire revenir à feu moyen en remuant de temps en temps.
- Lorsque le chou commence à fondre, ajouter les cubes de pommes et laisser cuire, tout en remuant jusqu'à ce qu'il soit bien fondu. Il aura une couleur un peu translucide.
- Ajouter le tamari en fin de cuisson et remuer.
- Pendant ce temps, dans une autre poêle, verser 1 c. à s. d'huile d'olive, y presser l'autre gousse d'ail, la pincée de 4 épices et 2 c. à s. de pois chiches, faire revenir à petit feu.
- Dans une petite assiette, écraser le reste des pois chiches avec le tahin pour obtenir un mélange épais. Le déposer dans les pois chiches et mélanger (si le mélange semble trop épais, y ajouter un peu d'eau). Verser le quinoa cuit. Saler et poivrer. Mélanger encore. Laisser chauffer quelques minutes. C'est prêt.
- Pour élaborer le "*boco*", verser le quinoa aux pois chiches au fond du bocal, puis ajouter le chou rouge salé-sucré par-dessus.
- Ce "*boco*" peut se déguster froid ou être réchauffé au bain-marie.

# "Boco" garbure végétale

Temps de préparation : 10 mn

Temps de cuisson : 25 mn

## Pour 2 "bocos"

- 2 pommes de terre moyennes
- 2 carottes
- 2 feuilles de chou frisé
- 1 petit poireau
- 1 gousse d'ail
- 1 échalote
- 90 g de haricots blancs cuits (ou 2 c. à s. de haricots blancs en boîte)
- 1 c. à s. de purée d'amande
- Sel, poivre
- 1 c. à s. de tamari

- Éplucher les pommes de terre et les découper en cubes.
- Brosser les carottes et les détailler en crayon.
- Rincer les feuilles de chou, ôter les grosses nervures et les détailler en lamelles.
- Rincer le poireau, et le couper en lamelles.
- Éplucher l'ail et l'échalote. Détailler l'échalote en rondelles.
- Dans une cocotte, déposer tous les légumes, ajouter l'ail pressé.
- Couvrir d'eau, saler et poivrer.
- Faire cuire à couvert et à petit feu pendant 25 mn (vérifier la cuisson des pommes de terre à l'aide de la pointe d'un couteau).
- Ôter du feu et prélever un peu de liquide à déposer dans un bol et mélanger à la purée d'amande.
- Reverser ce mélange dans la garbure, ajouter les haricots blancs et le tamari. Mélanger.
- Verser la garbure végétale dans le bocal et la réchauffer, couvercle ouvert, au bain-marie au moment du repas.

***La garbure** est une soupe typique des Pyrénées, à base de choux et de pommes de terre.*

**Carottes « en crayon »**

# "Boco" du jardin et ses petits carrés d'omelette

Temps de préparation : 15 mn

Temps de cuisson : 20 mn

- Éplucher les pommes de terre et les détailler en cubes. Brosser le potimarron et le couper en cubes de la même grosseur que ceux de pommes de terre.
- Faire cuire le tout au cuit-vapeur jusqu'à ce que les pommes de terre soient cuites*.
- Pendant ce temps, éplucher l'ail et détailler les champignons de Paris en lamelles. Battre les œufs en omelette. Saler, poivrer.
- Verser 1 c. à s. d'huile d'olive dans une petite poêle, y écraser la gousse d'ail et ajouter les lamelles de champignons. Faire revenir à petit feu jusqu'à cuisson des champignons.
- Verser les œufs battus et réaliser une petite omelette.
- Lorsque les pommes de terre sont cuites, les déposer dans une assiette et les écraser à la fourchette pour en faire de la purée, ajouter un peu de lait de riz pour obtenir la consistance souhaitée. Ajouter 1 c. à s. d'huile d'olive et la purée de gingembre. Mélanger.
- Pour préparer votre "*boco*", couper l'omelette en petits cubes. Déposer la purée de pommes de terre dans le fond du "*boco*", ajouter les cubes de potimarron par-dessus (ou la purée de potimarron) puis finir par les carrés d'omelette.
- Réchauffer au bain-marie sans couvercle au moment de déguster.

## Pour 1 "boco"

- 2 grosses pommes de terre
- 100 g de potimarron
- 2 champignons de Paris
- 1 gousse d'ail
- Un peu de lait de riz
- 2 c. à s. d'huile d'olive
- 2 œufs
- Sel, poivre
- 1 c. à c. de purée de gingembre (facultatif)

** Comme le potimarron cuit plus vite que la pomme de terre, on obtient alors une purée. Si vous préférez une consistance plus ferme, retirer le potimarron avant la fin de la cuisson des pommes de terre.*

# "Boco" spaghettis des sous-bois

Temps de préparation : 10 mn

Temps de cuisson : 15 mn

- Éplucher l'oignon et l'émincer finement.
- Brosser le potimarron et le détailler en petits cubes (on peut également le râper, comme les carottes).
- Détailler les châtaignes en fines lamelles.
- Verser l'huile d'olive dans une petite poêle, y faire revenir les oignons, les cubes de potimarron et les lamelles de châtaignes. Remuer régulièrement, saler et poivrer légèrement.
- Dans une grande quantité d'eau salée, faire cuire les spaghettis.
- Lorsque les légumes sont bien dorés, ajouter les champignons en fines lamelles, remuer et laisser chauffer à feu doux quelques minutes.
- Égoutter les spaghettis et les remettre dans la casserole.
- Verser la poêlée de légumes par-dessus, ajouter le tamari, remuer le tout, puis remplir le bocal.
- Le "*boco*" se conserve au frais jusqu'au lendemain et se réchauffe au bain-marie.

## Pour 1 "boco"

- 200 g de spaghettis sans gluten
- 8 châtaignes sous vide
- 1 petit oignon
- 50 g de potimarron
- 150 g de champignons (ou 50 g de champignons en boîte)
- 2 c. à s. d'huile d'olive
- 1 c. à s. de tamari
- Sel, poivre

# "Boco" brownie et sa crème vanillée

Temps de préparation : 10 mn

Temps de cuisson : 15 mn

- À l'aide d'un petit robot, hacher grossièrement les noisettes. Les griller rapidement dans une poêle sans matière grasse.
- Préchauffer le four à 200°.
- Faire fondre le chocolat au bain-marie avec l'huile de coco. Bien mélanger le tout pour obtenir un mélange homogène.
- Dans un saladier, battre les œufs, le sucre de coco et le sucre vanillé. Incorporer la farine et le sel. Mélanger. Ajouter les noisettes pilées et verser le chocolat fondu.
- Bien mélanger le tout pour obtenir une pâte un peu collante.
- À l'aide d'une cuillère, déposer un petit tas de cette pâte dans de petits moules en silicone.
- Enfourner pour 15 minutes.
- Préparer la crème vanillée
- Dans un petit bol, détendre la crème de soja avec le lait de riz en remuant à l'aide d'un petit fouet.
- Pour emporter le "*boco*", déposer un brownie dans un petit bocal en verre et verser la crème dans un mini récipient hermétique.

## Pour 12 brownies

- 100 g de noisettes entières
- 200 g de chocolat à 70 % sans gluten
- 100 g de farine de riz
- 2 œufs
- 50 g d'huile de coco
- 80 g de sucre de coco
- 1 sachet de sucre vanillé (optionnel)
- 1 pincée de sel

### Pour la crème vanillée

- 2 c. à s. de crème soja à la vanille
- 2 c. à s. de lait de riz

# Index

# Témoignages

**Pilar Lopez** anime des **stages de cuisine** bio, sans allergène et végétarienne, au sein de son école : **1 école pour 1 autre cuisine**.

À découvrir sur son site : cuisiner-autrement.com

**Témoignage de Lili (57 ans)**

*J'ai fait un stage de cuisine saine en 2014 chez Pilar car j'étais en surpoids. Je souffrais également de diabète de type 2 et de palpitations.*

*Pilar m'a fait prendre conscience de l'empoisonnement que je faisais subir à mon corps. Par manque de temps, mon alimentation était principalement basée sur des plats tout prêts. J'ai appliqué ses conseils et j'ai perdu 15 kg en 3 mois. Mon diabète s'est stabilisé à tel point que mon médecin m'a demandé ce que j'avais fait.*

*À ce jour, mon diabète est toujours stabilisé, je ne souffre plus de mes palpitations quotidiennes, mes douleurs articulaires ont disparu et, s'il m'arrive de faire des écarts, je le paie immédiatement. Je pèse 55 kg et mon poids ne bouge plus depuis que j'ai changé mon alimentation. Mon ventre n'est plus gonflé et c'est un réel confort.*

*De plus, j'ai trouvé le goût de cuisiner cette cuisine rapide et facile et je me régale au quotidien. Cette cuisine est goûteuse, plaisante, je n'ai plus envie de sucre puisque Pilar m'a appris à équilibrer mes repas de façon à ce que mon organisme ne manque de rien.*

## Témoignage d'Anne Sophie (38 ans)

*Je souffrais de spasmophilie, de crises de tétanie et j'étais toujours ballonnée. De plus, je traînais avec moi des idées sombres et j'étais obligée de prendre des anxiolytiques. J'ai connu Pilar lorsqu'elle tenait son petit restaurant éphémère et je me régalais à chaque repas. C'est là qu'elle m'a fait prendre conscience de l'importance de notre système digestif. Je remarquais que chaque fois que je mangeais chez elle, je n'étais pas lourde, pas gonflée et que j'étais de meilleure humeur. Il faut dire qu'avec 3 enfants et le travail, je ne prenais pas le temps de cuisiner « maison ». J'ai fini par faire un stage d'une semaine chez Pilar. Ses cours théoriques m'ont appris à mieux comprendre mon corps. Et j'ai appris à changer le contenu de mon placard, équilibrer mes menus pour une cuisine saine, plaisante et gourmande.*

*Pour moi, c'est une nouvelle vie qui commence. En fait, ce n'est pas un régime, mais une autre façon de cuisiner et je sens que mon corps me remercie chaque jour. Plus jamais je ne dirai « je n'ai pas le temps de cuisiner » et je n'achèterai plus de tomates en hiver ! Manger comme Pilar, c'est se faire des câlins au quotidien !*

## Témoignage de Véro

*J'ai eu la chance de faire un stage avec Pilar à l'école* **Cuisiner Autrement***, il y a quelque temps. Grâce à son enseignement, j'ai appris à faire les meilleurs choix pour ma santé et celle de mes enfants.*

*Ayant une fille allergique au gluten, j'ai pu apprendre à substituer certains produits nocifs par d'autres bien meilleurs. Toute une panoplie de nouvelles saveurs à découvrir pour notre plus grand plaisir grâce à Pilar qui est un vrai chef !*

Ce livre a été imprimé en octobre 2018
par l'imprimerie SEPEC
à Péronnas (France)
pour le plaisir des Éditions Mosaïque-Santé.

Numéro d'impression : 07362180709

Dépôt légal novembre 2018

IMPRIM'VERT®